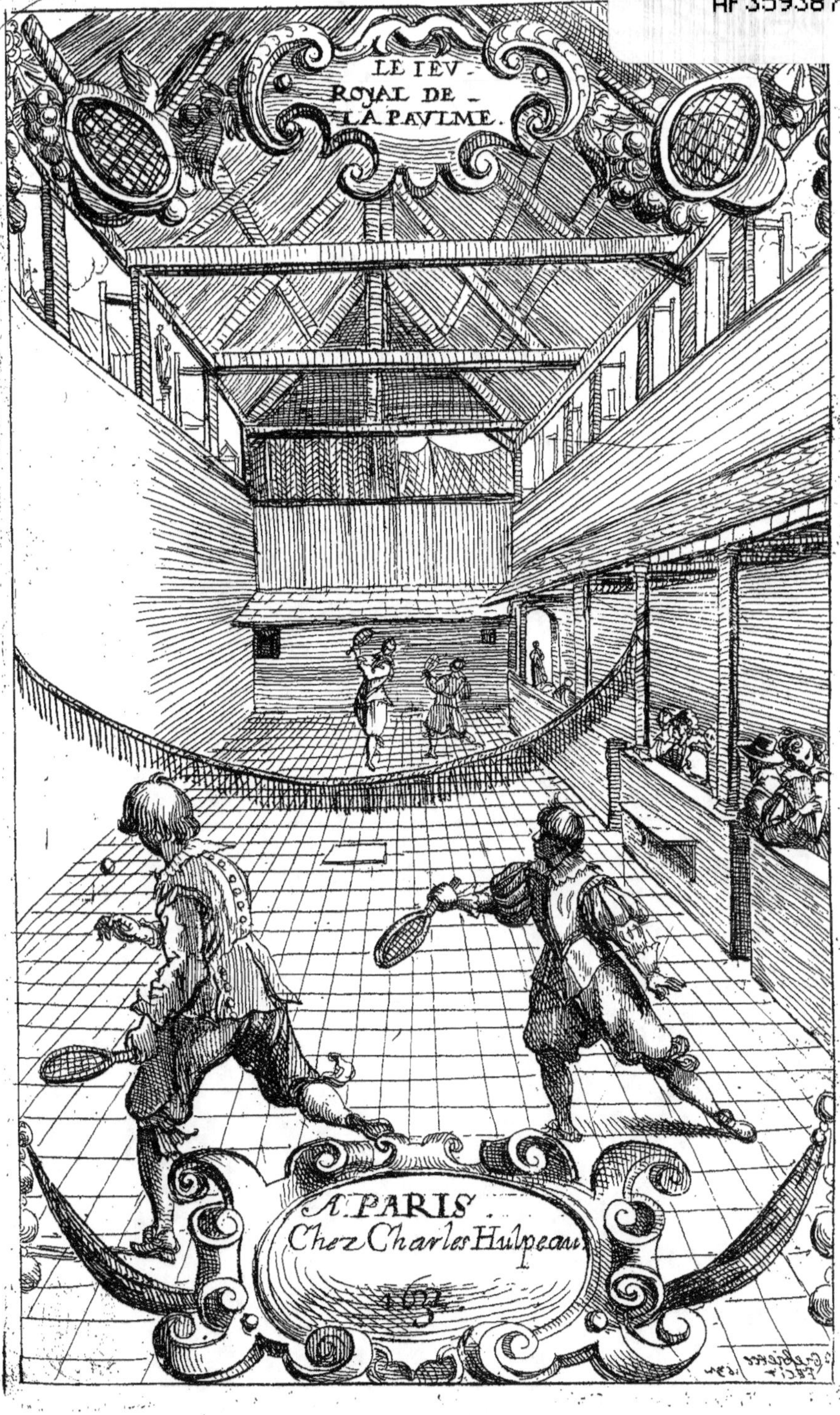
LE IEU
ROYAL DE
LA PAVLME.
A PARIS.
Chez Charles Hulpeau.
1632.

LE
IEV ROYAL
DE LA PAVME,

Dedié à Monsieur MORIN,
fils de Monsieur MORIN,
Receueur des Amandes
de la Cour.

A PARIS,

Chez CHARLES HVLPEAV,
demeurant ruë Neufve du Palais, à
l'enseigne de l'Enuie.

M. DC. XXXII.

A

MONSIEVR MORIN,

FILS DE MONSIEVR MORIN,
Receueur des Amandes de
la Cour.

ONSIEVR,

Les belles quali-
tez dont vous estes
doüé, & les perfections qui sont
en vous, m'obligent à vous re-
garder pardessus toutes choses: Les
Muses que vous cherissez, la Mu-

ã iij

sique, les instrumens, auec tous les autres exercices honnestes de l'esprit & du corps, sont des tesmoignages tres-euidens que vous n'ignorez rien : C'est ce qui me fait entreprendre de vous dedier ce petit liure, lequel contient la methode de bien ioüer à la Paume. Si ce jeu n'estoit le diuertissement ordinaire des Rois, des Princes, & de tous les gens de condition, je n'aurois pas pris la liberté de vous l'offrir : Et parce que lon y voit la force du jugement, & l'agilité du corps, on le permet plus que nul autre; aussi ne peut-on trouuer mauuais qu'il soit imprimé, puis que beaucoup de personnes, que l'indispo-

EPISTRE.

sition du corps ne permet pas de se
transporter sur les lieux, y trou-
ueront de la recreation en le li-
sant ; mesmes ceux qui sont encore apprentifs à ce mestier, s'y
pourront instruire à peu de frais.
Ie vous supplie donc, MON-
SIEVR, d'agreer qu'il paroisse
sous vostre nom, me promettant
qu'estant appuyé de vostre cre-
dit & faueur, il aura cours dans
les meilleures compagnies où vous
auez l'entrée, ie ne vous demande que la continuation de vos
bonnes graces, & de croire, que
si vous me recognoissez iamais in-
grat des courtoisies que i'ay re-
ceuës de vous, ce sera mon im-
puissance qui en sera cause: Mais

en volonté de vous honorer &
seruir, ie ne cederay à personne
en qualité de

MONSIEVR,

Vostre tres-humble &
affectionné seruiteur
C. HVLPEAV.

DECLARATION DE
deux doutes qui se trouuent en comptant le ieu de la paume, lesquelles
meritent d'estre entenduës par les
hommes de bon esprit.

ICERON, Orateur non moins
sage qu'eloquent, nous a laissé
par escrit vne sentence digne
d'estre entenduë & obseruée
par toute personne qui veut viure selon
la raison : Laquelle dit qu'il conuient
vser du ieu qui se fait par l'exercice du
corps, & du ieu qui consiste en paroles
ioyeuses, tout ainsi que l'on a coustume
d'vser du dormir. Or est-il ainsi que nous
vsons du dormir, pour restaurer & ren-
forcer les vertus de l'esprit & du corps,
quand elles sont trauaillées & affoiblies
par la veille, ou quelque labeur prece-
dent : Par semblable raison, le ieu qui
se fait opportunément & prudemment

par l'exercice du corps , est tres-conue-
nable pour conseruer la santé du corps,
& la vigueur de l'esprit. Car l'exercice
du ieu deuëment fait (comme dit est,)
eschauffe le corps & les membres, purge
les humeurs superfluës & estranges , en
les faisant éuaporer, fortifie les facultez
naturelles , esclaircit & resiouit l'esprit:
En telle maniere que l'homme qui sçait
choisir certain ieu d'exercice honneste,
& en vser sagement, en vaut beaucoup
mieux , tant pour sa santé corporelle,
que pour la viuacité de son esprit. On
peut alleguer à ce propos Galien , excel-
lent Medecin, lequel a grandement recõ-
mandé par ses escrits le ieu de la petite pi-
le : comme estant entre les ieux d'exercice, le plus conuenable qui soit , pour entretenir & garder la santé de l'homme.
Surquoy aucuns veulent dire , que Galien
entendoit parler du ieu de la pelote. Les
autres tiennent , que c'estoit vn tel ieu,
qu'est le ieu de la paume,dont nous vsons
encore auiourd'huy , auec l'estœuf ou la
balle:mais nous ne sçauons si l'on cõptoit
ledit ieu de Galien , ainsi comme nous
comptons le nostre de toute memoire
d'homme. Certainement (quelque chose

qu'il en foit) c'eft vn exercice fort recrea-
tif pour l'efprit, & vtile pour la fanté du
corps : Ie m'en rapporte au iugement de
ceux qui y fçauent trop mieux ioüer que
moy. Mais ie trouue en noftre ieu de la
paume deux doutes, où peu d'hommes
de noftre temps ont pris garde : mefme-
ment quelques-vns des plus excellents
ioüeurs ont paffé par deffus, fans s'en en-
querir plus auant. Et fi n'ay peu trouuer
perfonne qui m'en ait donné fuffifante
refolution : Toutesfois i'efpere, par la
grace de Dieu, en donner prefentement
de fi bonnes raifons, qu'icelles doutes fe-
ront totalement efclaircies & entenduës.

La premiere doute que l'on peut faire
fur le ieu de la paume eft, fçauoir pourquoy on compte le ieu de la paume en
augmentant le nombre par quinzaines,
comme quinze, trente, quarante-cinq, &
puis vn ieu, qui vaudroit foixante, plu-
ftoft que de compter par quelqu'autre
nombre, plus petit, ou plus grand. La fe-
conde doute eft, d'entēdre & cognoiftre
quelle efpece de mefure fignifient iceux
nombres, quinze, trente, & les autres. Ve-
ritablement, puis que les chaffes & coups
de paume de deux parties, qui ioüent l v

ne contre l'autre, se considerent en longueur l'vne au pris de l'autre, afin de voir
& sçauoir laquelle desdites chasses excede l'autre : Et que telle difference ou ex-
cés est tousiours estimé valoir quinze,
selon la coustume ordinaire du ieu. Il est
vray-semblable que lesdits nombres,
quinze, trente, quarante-cinq, & vn ieu,
signifient quelque certaine mesure co-
gneuë par les hommes qui ont premierement pratiqué le ieu de la paume en la
maniere que nous le iouons auiourd'huy.
Pour resoudre ces deux doutes par vn
mesme moyen, il faut premierement
estimer, que ceux qui ont mis en vsage
cette maniere de compter le ieu de la
paume, par quinze pris quatre fois, comme dit est, n'ont point choisi ce nombre
de quinze entre plusieurs autres, sans
quelque bonne raison. Certainement ils
eussent peu aussi bien prendre quelqu'autre nombre plus petit, lequel estant ainsi
pris quatre fois, eust esté plus aisé à compter que ne font quinze, & eust aussi bien
valu vn ieu comme quinze pris quatre
fois. Or les hommes doctes en Astrono-
mie cognoissans bien qu'vn Signe Physic (qui est la sixiesme partie d'vn cer-

cle) est diuisé par imagination en soixante Degrez : chasque degré en soixante
minutes, chaque minute en soixante se-
condes : suiuant cette raison sexaginaire
peuuent dire, que la maniere de compter
le ieu de la paume a esté instituée suiuant
icelle raison sexaginaire, & à l'imitation
d'vn Signe Physic : Car quinze Degrez
pris quatre fois vallent vn Signe Physic:
tout ainsi que quatre fois quinze vallent
vn ieu de la paume, & quatre ieux vallent
vne partie entiere, selon la coustume de
France. Mais il se trouue vn deffaut en
cette comparaison, dautant que quatre
signes Physics ne vallent pas vn cercle en-
tier, tout ainsi que quatre ieux de la paume vallent vne partie complete : Ioinct
aussi que ceux qui iouent à la paume ne
s'amusent pas tant à contempler le ciel,
comme ils trauaillent à frapper & chas-
ser l'esteuf, ou à le renuoyer. Partant que
cette raison n'est pas entierement suffi-
sante : Il nous en faut chercher vne meil-
leure parmy les mesures Geometriques,
qui ont eu cours, tant enuers les anciens,
que les modernes ; afin de sçauoir s'il se
trouue point entre icelles quelque nombre & mesure, ausquels se r'apporte pro-

prement icelle raifon de compter le ieu
de la paume. Surquoy il conuient entendre que les anciens auoient diuerfes mefures Geometriques : Comme il appert
par les efcrits de Varro, Pline, & autres
auteurs. Defquelles mefures i'ay icy mis
ce recueil le plus fidelle qu'il m'a efté
poffible.

    Vn doigt, vaut quatre grains.

Quatre doigts, valent vne Paume.

Quatre Paumes,
ou douze doigts, } valent vn pied.

Pied & demy, valent vne Coudée.

Deux pieds & demy, valent Demy pas.

Cinq pieds, valent vn Pas.

Cent vingt-cinq pas, valent vn Stade.

Huict Stades, valent vn Miliaire.

Deux Miliaires, valent vne Lieuë.

Vne Toife, dite en Latin *Hexapeda*,
  a fix pieds de longueur.

Vne Perche, dite en Latin *Decapeda*,
  a dix pieds de longueur.

Vne Perche vulgaire en France, a 18.
  pieds, ou 20. ou 22. ou 24.

Vn Arpent, a dix perches de longueur, &
  autant de largeur.

† Vn Climat, a foixante pieds de longueur, & autant de largeur.

Vne Attellee, dite en Latin *Actus*, a
  deux Climats de longueur, & autant
  de largeur.

† Vne iournée, ou iugere, dite en Latin
Iugerum, a deux Attellees de longueur,
  & vne de largeur.

I'ay trouué en examinant diligemment
toutes les mesures susdites, que la raison
de compter le ieu de la paume, conuient
fort proprement auecques la raison du
nombre, & de la mesure du Climat, & du
Iugere. Et ie m'asseure, que l origine du
nombre du ieu de la paume vient de là.
Car *Clima*, signifie Region, Plage, Traict,
Segment, Costeau, Eschelle, Difference
de demi-heure du plus long iour d'Esté
entre deux regions. Il signifie aussi (comme dit est) vne mesure Geometrique,
ayant soixante pieds de longueur, & autant de largeur. La longueur d'vn Climat
pris en cette signification, est naïfuement
representée à quatre fois, par les nombres
d'vn ieu de la paume Car quand nous gaignons vne chasse, ou vn coup d'esteuf,
nous comptons quinze : en quoy il faut
entendre, que ce sont quinze pieds, qui
font la quarte partie d'iceluy Climat.

  Pareillement, en gaignant deux coups

nous comptons trente , où il conuient entendre que ce sont trente pieds,

Semblablement, quand nous gaignons trois coups nous comptons quarante-cinq : c'est à dire , quarante-cinq pieds.

Et finalement , en gaignant quatre coups d'esteuf, nous gaignons vn ieu, ou bien vn Climat , lequel a soixante pieds de longueur. Quant à la Bisquaye , de-my quinze , & semblables diminutions, j'estime qu'ils ont esté inuentez & adiou-stez, apres que le ieu de la paume a esté en vsage parmy les hommes. Il conuient aussi noter, que si nous voulions comp-ter deux ieux pour chasque partie com-me comptent quelques nations estran-geres , ce seroient deux Climats pour partie , qui valent vne Attellee ou De-my iugere : Mais nous passons plus ou-tre , & comptons quatre ieux pour chas-que partie : lesquels font la longueur d'vn Iugere de terre , ayant deux cens quaran-te pieds de longueur, & cent vingt de lar-geur. C'est vne iournée de deux bœufs: c'est à dire , autant de terre qu'ils peuuent labourer en vn iour. Il est donc bien manifeste par les raisons cy-dessus decla-rées, que les nombres du ieu de la paume

repre-

reprefentent les quatre quarts d'vn Climat, en comptant quinze pour chafque quart. Et qu'iceux nombres du ieu de la paume fignifient pieds. Semblablement qu'vn ieu de la paume denote vn Climat: Pareillement qu'vne partie gaignee à la paume fignifie vn Iugere, en mefurant chacun d'iceux felon la longueur feulement: Car les chaffes & coups d'efteuf fe mefurent felon leur longueur, & non pas felon leur largeur. Parquoy, ie conclu que les deux doutes du ieu de la paume cy-deuant propofees font fuffifamment declarees & efclarcies. Ce que nous auions propofé de faire.

Bon pied, bon œil.

ORDONNANCE DV

Royal & honorable Ieu de la Paume, parangon entre tous autres ieux & exercices, contenant vingt-quatre articles, par lesquels sont donnez à entendre les differents & difficultez qui peuuent aduenir en ioüant à iceluy, principalement en parties. Faite à Paris en l'an 1592.

Bene viuere & lætari.

I.

Essieurs, qui desirez vous esbatre, & ioüer à la paume, faut ioüer, afin de recréer le corps, & delecter les esprits, sans iurer ny blasphemer le nom de Dieu. Auant que ioüer conuient tourner la raquette pour sçauoir qui sera dans le ieu. Le premier coup de seruice est le coup Dieu, que l'on dit de present les Dames ou Damoiselles.

II.

En enſuiuant l'ancien ieu de la Paume faut ioüer faute nulle, ſans pourneãt, & là où il touche : mais n'ayant limité le ieu, y aura pourneant. Au premier ieu dire ce que l'on ioüe, qui gaigne la premiere partie garde les gaiges : les parties ſe ioüent en quatre ieux (& eſtant trois ieux à trois ieux l'on doit faire à deux de ieu) ou en ſix ieux, auſquels n'y a point d'à deux de ieu, ſi ce n'eſt du conſentemẽt des parties.

III.

Auſſi auant que ioüer conuient faire mettre la corde du ieu en telle hauteur que l'on puiſſe voir le pied du mur de bout en autre par deſſus icelle: s'il aduient par hazard qu'en ioüant l'eſteuf ou balle demeure entre le filet & ladite corde, meſme dans le poſteau où elle paſſe, le coup ne vaut rien (car il faut qu'il affran-chiſſe) & ne faut en pourſuiuant vn coup eſleuer icelle corde.

IV.

Leſdits ioüeurs doiuent auoir vn oũ deux marqueux leſquels marqueront au ſecond bond, & comme dit eſt là où il touche, doiuent ſeulement iceux Mar-queux aduertir les ioüeurs tout haut

quand il y aura deux chasses ou vne, estant
dit par les ioüeurs chasse morte, & dire
où elles sont, & où l'on les peut gaigner;
mais ayāt esté dit chasse morte, & n'estant
respondu par les Marqueux aux ioüeurs il
y en a vne, elle demeure morte.

V.

Lesdits Marqueux doiuent marquer
& rapporter fidelement ce qu'il leur sera
dit au plus de voix par les spectateurs, tāt
pour l'vn que pour l'autre, sans fauoriser
ny porter affection à qui que ce soit, à peine de perdre leurs salaires, & d'en mettre
d'autres en leurs places ; dautant que c'est
chose à quoy la conscience git, estant ieu
qui se paye par la voix de iustice.

VI.

Iceux ioüeurs se doiuent aussi rapporter, lorsqu'il se presente en leur ieu quelque difficulté, ausdits spectateurs sans ç1
contredire, & mesmes ausdits Marqueux:
au cas toutesfois qu'il n'y aye autres personnes qu'eux pour en iuger, s'il ne leur
est commandé desdits ioüeurs, & sans
aussi leur en mesdire aucunement.

VII.

Si en ioüant l'on venoit à toucher l'vn
desdits Marqueux, ou autres regardans

ioüer: mesme à quelque corbillon ou fro-
touer estant sur la gallerie tenu de quel-
cun, ou chose semblable, il faut marquer
là, & n'estant tenu de personne, c'est où
va l'esteuf: mais si l'vn des ioüeurs venoit
à toucher ledit esteuf ou balle de quelque
partie de son corps, il perd le coup.

VIII.

S'il aduient que l'vn desdits Marqueux,
par oubliance, disoit vne chasse estre
pour l'autre, cela ne peut preiudicier ausdits ioüeurs. dautant qu'il faut que la premiere, nonobstant l'oubliance dudit
Marqueux, se ioüe comme estant la premiere, ainsi qu'elle a esté faite: mesmes
d'vne chasse, s'il disoit estre au dernier
pour le second, faut qu'elle se ioüe au
lieu où elle a esté faite.

IX

Pour l'ordinaire du ieu l'on doit ioüer
vn, les deux, & le tout, laquelle partie du
tout ne se peut laisser, si ce n'est pour legi-
time cause, comme la pluye ou la nuict en
ce cas doit celuy qui est en perte laisser
pour le tout des fraiz & du ieu, & l'autre
pour moitié : ou en deux parties liées,
lesquelles aussi ne se peuuent laisser que
du consentement des parties, ce faisant

doiuent laiſſer chacun pour le tout , &
donner heure pour acheuer.

X.

Si en ſeruant ſur thuille l'on ne ſer-
uoit que ſur le plaſtre, contre le bord de
ladite thuille : ou ſur le rabat ſeulement,
c'eſt à refaire, ſi l'on ne ioüe qui faut il
boit : qui mettra à lais de volée, meſmes
aux cloux qui le tienne l'on gaigne quinze,& au trou qui eſt au haut de la muraille
que l'on appelle la Lune, l'on gaignera
auſſi quinze.

XI.

Si celuy qui eſt dans le ieu eſtant ſeruy
de l'autre venoit à dire pourneant,ou ſon
cõpagnon, au cas qu'il y en euſt, & qu'il le
diſt trop tard:comme ayant deſmarché,il
l'a perdu,auſſi à tout coup de hazard n'y a
point de pourneant. Il n'eſt temps de dire
pourneant quand il eſt dans le trou, ou au
pied du mur , il le faut dire au partir de la
thuille. Il n'eſt permis auſſi à celuy qui
ſert, de dire pourneant.

XII.

Si par cas fortuit l'on venoit à faire
trois chaſſes,la derniere faite ne doit rien
valoir,& tout le coup de nulle valeur dés
le ſeruice , fuſt-il entré dans le trou : ad-

uenant auſſi qu'vn coup eſtant ſorty par
deſſus les murailles : & apres auoir ſeruy
ſur vn autre coup, il reuint dans le ieu,
le coup ne vaut plus rien, ayant, comme
dit eſt, ſeruy ou ioüé deſſus.

XIII.

S'il aduient auſſi qu'ayant quarante-
cinq l'on faſſe deux chaſſes, celuy qui a
quarante-cinq ne peut perdre ſon aduantage : mais faut pour auoir le ieu qu'il gaigne les deux chaſſes, ou au moins la derniere : mais ſi l'aduerſe partie auoit lors
trente,& qu'il gaignaſt la premiere chaſſe,
ils ſeroient à deux, & encores que l'autre
gaignaſt la derniere, il n'auroit que l'aduantage. C'eſt pourquoy faut dire ayant
quarante-cinq chaſſe morte.

XIV.

Si l'on s'eſtoit meſcompté d'vn quinze
ou trente, & apres auoir ioüé deſſus, l'on
venoit à s'en reſſouuenir auparauant que
le ieu ſoit finy, meſmes d'vn ieu en la partie, c'eſt vne regle generale que l'on ne
peut perdre ſon aduantage s'en reſſouue-
nant auant pour le ieu, que la partie ſoit
finie, & pour vn quinze le ieu : Mais qui
auroit la partie ou le ieu, ne comptant
que l'aduantage des ieux, ou du ieu, faut

qu'il boiue ſa faute, ayant ſeruy ou ioué
deſſus.

XV.

S'il y auoit vne ou deux chaſſes mar-
quées, & ſi le coup par hazard donnoit
ſur l'vne deſdites chaſſes du ſecond bond,
ſi c'eſt chaſſe à faire, faut marquer là : mais
s'il y donne de volée, doit eſtre compté
pour vn bond, & faut marquer où va l'e-
ſteuf. Auſſi tout hazard où le coup ſe perd
extraordinaire au deſſus de la thuille, eſt
perdu pour celuy qui y met, & au deſſous
gaigne.

XVI.

Aduenant qu'vn coup entraſt dans la
gallerie, & qu'en touchant quelqu'vn il
retournaſt dans le ieu, faut marquer par
où il entre : Mais ſi n'ayant fait qu'vn bõd
dans ladite gallerie, ſans toucher perſonne, qui le pourroit iouer ſeroit tres-bon;
auſſi ayant fait vne chaſſe dans icelle gallerie, l'autre y remettant, c'eſt à refaire :
ſi c'eſt dans vn ieu de dedans, comme à la
grille, il eſt gaigné, s'il ne reuient ſans
toucher perſonne.

XVII.

S'il ſe preſentoit des differents d'vn
coup qui aye doublé, ou s'il eſt deſſus ou
deſſous,

deſſous , & ayant demandé aux ſpecta-
teurs, l'on ne trouue rien : c'eſt où va l'e-
ſteuf, dautant que c'eſt à celuy qui demande à prouuer ſon dire, & ſi c'eſt chaſſe à
gaigner, c'eſt à refaire : ſi le coup fine du
coſté du ieu, & que l'on demande s'il y a
ieu ou non, n'en trouuant rien il n'y doit
rien auoir non plus que s'il n'eſt affran-
chy. En general trouuant autant de voix
d'vn que d'autre, c'eſt à refaire.

XVIII.

Si en ioüant ſur vne chaſſe le coup re-
tombe en meſme endroit, c'eſt à refaire ;
ſi en demandant qui l'a gaignée, l'on n'en
trouue rien, ou autant de voix d'vn que
d'autre, c'eſt auſſi à refaire : comme demandant d'vn coup de ſeruice s'il a porté, & n'en trouuant rien, c'eſt encore à refaire ; & bien qu'il y aye pourneant, celuy
qui ſert ayant demandé à l'autre , apres
pluſieurs pournéants , y eſtes-vous , &
ayant reſpondu ouy, ſi en apres il venoit
à dire pourneant, il l'a perdu.

XIX.

Si l'vn deſdits ioüeurs comptoit quinze, ou choſe ſemblable & l'on ne luy
vouluſt accorder , il faut demander au
monde, & n'en trouuant rien, c'eſt, com-

me dit eſt, à celuy qui demande à prouuer
ſon dire. Auſſi donnant aduantage l'vn
à l'autre, celuy à qui l'aduantage eſt donné peut prendre au premier ieu tel ad-
uante qu'il luy plaira, meſmes quitter la
partie, l'autre ayant trois ieux & quaran-
te cinq, & non vn ieu, s'il ne plaiſt à l'aduerſe partie.

X X.

Touchant la biſcaye, elle ſe peut prendre quand il plaiſt à celuy à qui elle eſt
donnée, comme ſur les chaſſes, moyen-
nant qu'il la prenne ſur la premiere faite,
ou ſur la ſeconde, la premiere eſtant
ioüée : Mais ayant paſſé la corde, il n'eſt
permis retourner pour prendre ladite
biſquaye, & quant à vne faute, elle neſe
peut prendre que la faute ne ſoit faite, ſi
c'eſt ſur vne chaſſe ladite faute ne s'y peut
prendre.

X X I.

Si deux enſemble ioüant l'vn venoit à
s'en aller pour quelque cauſe que ce ſoit,
& quitter la partie auparauant qu'elle ſoit
paracheuée, l'autre peut, ſi bon luy ſemble, acheuer ladite partie (en payant.)
Auſſi s'il ſe preſentoit des parieurs ainſi
qu'ira le ieu, faut que le pary aille, & ch

mefme compofition, fans que celuy qui
parie puiffe aduertir, iuger, ny enfeigner
le ieu de celuy pour lequel il parie.

XXII.

Lefdits ioüeurs ayans fait pendant
leur ieu des petits fraiz, hors-mis les
efteufs ou balles: à fçauoir, pain, vin,
bois, chauffons, & Marqueux, doiuent
eftre payez par celuy qui embourfe argent: mais aduenant que lefdits fraiz ex-
cedaffent le gain, faut que le furplus foit
payé en commun; & fi ce qu'ils ioüent eft
à boire, les petits fraiz fe doiuent payer
en deduction de la perte qui aura efté faite, s'ils n'auoient expreffément dit tous
fraiz payez.

XXIII.

Ledit Royal ieu de la paume eft libre,
l'on n'y doit eftre contrainct, fi ce n'eft
par obligation de parolle, par celuy qui
ioüe, en ce cas fe doit acquitter de fa promeffe: mais fi l'obligé ne pouuoit lors
s'acquitter de fadite promeffe, & comme
dit eft, pour des raifons legitimes laiffer
la partie. Ce faifant, encore qu'il fuft en
gain, doit laiffer autant que l'autre, enfemble l'argent du ieu en main tierce,
afin d'acheuer à heure limitée.

XXIV.

Outre toutes les raisons & difficultez cy-dessus escrites, il y en peut suruenir quelques autres en ioüant, lesquelles à l'instant se doiuent & peuuent aisément (selon le iugement des Maistre & spectateurs, ou Marqueux) decider & iuger ainsi que le ieu se passe, alors comme alors, qui ne se peuuent desduire ny escrire.

Animus gaudens ætatem floridam facit. PROVERB. 17.

Bon pied, bon œil.

LES FORMES TENVES

& obſerueés par les anciens Mai-
ſtres du Royal & honorable ieu de
la Paume, lors qu'il ſe ioüe vn
prix.

I.

REMIEREMENT
toutes perſõnes qui de-
ſirent ioüer audit prix
y ſeront honneſtement
receus, à la charge de
ne iurer ny blaſphemer
le nom de Dieu, ſur pei-
ne pour chacune fois de cinq ſols d'amen-
de, qui ſeront mis dans la tirelire du Maiſtre du ieu.

II.

Ledit Maiſtre donne aux Champions
qui voudront s'exercer audit prix (les
premiers deſquels il deſnommera à ſa
volõté, pour y bien & dextrement ioüer)

le bouquet & chapeau de fleurs, les gans,
& les esguillettes de soye, auec la raquette & l'esteuf d'argent, le tout à l'honne-
steté & discretion des gaignans enuers
ledit Maistre.

III.

Le prix se doit ioüer par trois diuers
iours, ausquels ceux qui le deffendent se
doiuent trouuer pour receuoir toutes
personnes qui y voudront ioüer, & ce
depuis huict heures du matin, iusques à
sept heures du soir : mais pourront lesdits
deffendans, durant leur ieu, aller changer
de chemise, & boire & manger à l'heure
du disner, pendant le temps d'vne heure
seulement.

IV.

Pour ioüer audit prix faut estre deux
contre deux, les deux qui ouurent le prix
doiuent estre dans le ieu, le premier coup
de seruice est tout de bon, faute bonne &
sans pourneant, le plastre couché porte
volée, le trou de seruice en seruant ne
vaut rien, lais ne sert que de muraille, &
qui touche la corde perd quinze.

V.

L'on ne ioüe qu'en deux parties liées,
& chacune partie trois ieux, ausquelles

n'y a point d'adeux de ieu, & ayant perdu la premiere partie, faut changer de place. Si vn coup entre dans la grille, dans les galleries, ou en quelque lieu que ce foit, encores qu'il aye touché quelqu'vn, c'eſt où va l'eſteuf : mais qui auroit fait vne chaſſe dans l'vne des galleries, l'autre y remettant, il perd le coup ; au ieu de prix n'y a point d'à refaire.

VI.

Leſdits deffendans ayans eſté mis hors du ieu par plus fors qu'eux, y peuuent rentrer comme tout autre, en fecond feulement ; & ayant regaigné & mis hors les autres, peuuent reprendre leur place comme deuant, & meſme les deux qui ont ouuert le prix peuuent, ſi bon leur ſemble, enſemble le fermer, n'ayant ioüé que chacun vn coup.

VII.

Le prix ſe ioüe, ainſi que dit eſt, par trois diuers iours : au premier ſe ioüe le bouquet & le chapeau de fleurs, les gans & les efguillettes de foye, leſquelles le Maiſtre doit prefenter à ceux à qui le champ eſt demeuré, & les prier de reuenir au premier iour que l'on aduiſera pour paracheuer ledit prix, qui fera la raquette, & au dernier l'esteuf d'argent.

VIII.

Il conuient aussi auant que d'entrer en ieu mettre chacun vn quart d'escu à ladite tirelire, pour subuenir aux fraiz qu'il conuient faire par le Maistre pendant ledit ieu, comme pain, vin, bois, draps & chaussons, desquels ledit Maistre ne prend aucune chose, sinon que des esteufs ou balles que l'on peut perdre, dont il ne baille que vingt pour deux douzaines pour subuenir aux fraiz des raquettes.

Bon pied, bon œil.

L'VTI.

L'VTILITE QVI

prouient du Ieu de la Paume au corps & à l'esprit.

Traduit du Grec de Galien en François.

ES excellens Philosophes & Medecins du passé, amy Epigene, ont declaré suffisamment combien l'exercice profite naturellement à la santé, & côme il faut executer ce petit trauail auant le repas, & peu apres. Neantmoins nul des anciês iusqu'auiourd'huy, selon sa dignité & merite, a expliqué le plus commode esbat de tous les autres, qui est le ieu de la Paume. Parquoy il m'est aduis estre chose iuste & raisonnable de mettre en ieu ce qui nous en semble, duquel aduis & dispute ie te fay iuge, comme à celuy qui est le plus vsagier & expert en cet art de tous nos contempo-

D

rains. Traitté qui profitera beaucoup à
ceux aufquels tu communiqueras ce mien
bien petit Commentaire. Car pour le feur
cet exercice eft le parangon entre tous
autres , lequel non feulement peut trauailler le corps, mais peut auffi delecter &
recreer l'efptit. Ie croy donc que ceux qui
premierement ont monftré le moyen de
faire la guerre aux lievres, cerfs, & fan-
gliers, & qui ont inuenté toute autre efpece de chaffe, auoient efté grands Philo-
fophes, & fort cognoiffans le naturel de
l'homme, en moderant & compenfant le
trauail pris d'vne delectable volupté, recreation & ardent defir d'honneur, tant
a defficace la difpofition de l'efprit en tel
cas, que plufieurs par ioye & refiouiffance
feule ont efté guaris de leur maladie. Au
contraire maints font deuenus malades
par vne feule angoiffe & male melancho-
lie. Or n'y a il fi vehemente paffion du
corps qui puiffe furmonter & efteindre
les affections & penfees de l'efprit : &
partant ne faut mefprifer la difpofition
d'iceluy, telle qu'elle foit, mais plutoft y
prendre garde plus foigneufement qu'à
celle du corps, tant pour caufe de la di-
gnité & preéminence de l'efprit, que pour

autre cauſe & raiſon de tous autres exercices, tu pourras dire le ſemblable là où
il y a quelque recreation : mais outre cette communauté & accointance qu'elles
ont par enſemble, en l'exercice de la Paume y giſt quelque proprieté particuliere,
qu'icy preſentement nous declarerons.
Premierement , l'occaſion & la facilité
de la Paume eſt grande pour le peu d'appareil : car ſi tu conſideres les grands ap-
pareils, le loiſir & tout l'equipage qui eſt
neceſſaire à ceux qui veulent prendre leur
paſſetemps à chaſſer les lievres. cerfs, ſan-
gliers , & autres beſtes ſemblables par
pourſuites de chiens, incontinent tu con-
feſſeras que l'homme negociateur & gens
de meſtier ne peuuent pas vaquer à cette
chaſſe, parce qu'à ce faire pluſieurs choſes
ſont requiſes,& principalement que l'hõ-
me ſoit libre , & hors de toute ſeruitude.
Au contraire, ce qui nous faut en cet eſ-
bat eſt tant commun, qu'il n'y a ſi malau-
tru qui en aye beſoin , veu qu'il n'eſt que-
ſtiõ ny de rets,ny d'armes,ny de cheuaux,
ny de chiens de chaſſe , mais d'vne ſeule
pelote, & encore bien petite : ſi que tu di.
rois cet exercice auoir ſoin de nos autres
negoces & affaires ; car à cauſe de ſoy ne

nous contraint à en delaiſſer aucune.
Voudrions-nous en ce monde plus belle
commodité que d'auoir paſſetemps, là où
tant le pauure que le riche y eſt receu ſans
intermiſſion de nos eſtudes & affaires
quotidiennes ? Au contraire il n'y a pas
peu d'affaire à chaſſer, parce que là ſont
requis grands affus, richeſſes, inſtrumens,
& libre loiſir, attendant l'opportunité de
chaſſer : mais l'appareil des inſtrumens de
noſtre eſteuf (comme ja a eſté predit) eſt
recouurable,& voire facile aux plus infir-
mes & malgarnis : joint que ceux qui ſont
fort occupez & preſſez d'affaires en peuuent encores vſer à la deſrobée & à leur
phantaſie. Le profit de noſtre exercice eſt
tel que i'ay expoſé quant à ſa facilité. En
apres quand tu auras ſoigneuſement exa-
miné la force & nature d'vn chacun genre d'exercice, tu concluras cetui-cy eſtre
le plus parfait d'entre tous. Car ſi tu y ad-
uiſes par le menu, tu en trouueras l'vn
trop vehement, l'autre par trop effeminé,
doux & remis, d'autre moindre & plus petit, ou plus grand, que d'eſtre conuenable
& profitable au corps , ou entre autre
choſe plus exercer vne partie que l'autre;
ſçauoir eſt, les flancs, la teſte, les mains,

ou la poictrine : tellement qu'il ne s'en
trouuera aucun qui égallement trauaille
& exerce tous les membres du corps, &
qui puisse s'accroiftre & augmenter, ou
decroiftre & diminuer iufqu'au bout, ex-
cepté cet exercice de la Paume, lequel par
tournées eft fort impetueux & tardif : de
forte que l'on en fait à fon appetit à l'aife
du corps, & au profit des reins. Par fois
donc il peut eftre beaucoup vehement &
remis. Ainfi quand on veut l'on exerce
toutes les parties du corps, ou bien les
vnes plus que les autres felon le befoin &
neceffité. Or quand front à front on s'op-
pofe auec bonne refiftance d'vn cofté &
d'autre, perfonne n'eftant fubftitué au
milieu pour receuoir l'efteuf, & feruir de
nacques, & que là on trauaille quelque
temps, s'en enfuit vn exercice digne d'e-
ftre reputé du nombre des plus grands &
des plus vehemens, là où fe font maintes
tournées de col, & rencontres de luitte;
tellement que tefte & nuch, par diuers
mouuements & remüements dudit col,
les coftes, femblablement la poictrine &
le ventre, par l'eleuation & rabat de face,
& par fecouffe & refiftance, ou bon fou-
ftiẽ, & par autres efforts de luitte, fe trou-

uent beaucoup trauaillez. Par ce mefme
esbat les flancs & les jambes, que l'on tiēt
pour fondement & appuy du pas font
eftendus : car en s'aduançant & fautant à
cofté, l'exercice, quant aux jambes, n'eft
pas petit : mais à la verité cet exercice eft
fort loüable, par lequel vn chacun membre, felon qu'il eft requis, eft promené &
efmeu ; parce que quand nous nous ad-
uançons ou reculons, ou tirons de cofté
& d'autre, aucuns nerfs font plus trauaillez que les autres. Quiconque pareillement promene & meut fes jambes d'vn
proiect mefme, comme font ceux qui fau-
telent fans raifon , ou qui fe iettent &
guindent de cofté, celuy-là exerce fes
membres inegalement : Vray eft qu'en
ce ieu de Paume vn mefme labeur fort
efgalement eft diftribué tant aux bras
qu'aux iambes , pource qu'à toute main
on reçoit & repouffe la Paume. Il eft donc
neceffaire que des Mufcles, maintenant
les vns , maintenant les autres , foient
eftēdus felon la diuerfe action & mouue-
ment des membres, fi que tour à tour par
vne egalité ils trauaillent & ceffent, qui
eft caufe qu'ainfi mutuellement iceux fe
foulageans ne s'engourdiffent par oifi-

ueté & repos, & ne font las & recreus de
labeur. Or que les yeux ayent leur part de
cecy, il eſt euident de ce qui s'enſuit, qui
eſt, que ſi celuy qui ioüe ne regarde atten-
tiuement le vol de la Paume, ſe trouuera
trompé à la touche : parce qu'en cette petite eſcarmouche le conſeil ne doit eſtre
moindre que la diligence & ſolicitude,
de peur que ton aduerſaire ne mette ſous
la corde à ſon auantage, oú qui ne t'em-
peſche de prendre l'eſteuf voltigeant au
milieu du ieu, ou ſans bricole il ne te ren-
de le renuoy. Voire, mais le ſoucy ſeul
extenüe & emmaigrit le corps : ie reſ-
ponds qu'en tout exercice où ce ſoucy
tend à honneur, & finit en ioye, qu'iceluy
ſert beaucoup à la ſanté du corps, & ac-
queſt de prudence : Car celuy exercice
n'eſt pas de petit prix, qui peut ayder le
corps & l'eſprit ſelon l'exigence & ne-
ceſſité. Les Roys & Gouuerneurs des ci-
tez ne nous monſtrent-ils pas aſſez eui-
demment ce qui peut diſpoſer le corps &
l'eſprit par grand trauail & labeur, en en-
chargeant les Capitaines, & Chefs de la
Gendarmerie, en premier lieu executer
le commandement de leurs loix ? N'eſt-
ée pas l'office d'vn bon Capitaine, en

temps opportun, & à son aduantage, af-
saillir l'ennemy, en l'assaillant se musser,
bien entreprendre, faire sienne la fortu-
ne & biens des ennemis, par force ou par
assaut improueu, non esperé, & mieux le
butin acquis & autre chose retenir & garder? Bref le Couronnal d'vne armée doit
estre bon gardien, & subtil larron, veu
qu'en ces deux poincts gist le sõmaire de
son art & office. Sçauroit-on excogiter
exercice plus propre & conuenable à
enseigner l'homme à deffendre ce qu'il a
acquis, à reparer vn soudain hasard, ou à
preuoir le dessein & conseil de son ennemy, que la Paume? Ie me trouuerois
bien esbahy si on m'en mettoit vn autre
deuant les yeux; à raison qu'il s'en trouue assez qui font tout le contraire, &
rendent l'homme coüard, dormeur, &
stupide. Pour exemple de quoy prenons
tous ceux qui s'addonnent à la luitte, lesquels s'estudient plutost à s'engrossir &
engraisser, qu'à s'euertuer en chose hone-
ste, desquels plusieurs sont deuenus tant
gras, qu'ils n'en pouuoient souffler ny
respirer: Et en verité tels lourdaux sont
inutiles, tant aux armes, qu'aux choses ci-
uiles, lesquels si tu voulois mettre en be-
songne,

fongne, il vaudroit mieux à pourceaux
qu'à iceux commettre ton affaire. Cepen-
dant tu penfe paraduenture que i'approu-
ue la courfe, & autre exercice attenuant
le corps, tu me pardonneras, il n'eft pas
ainfi, & ne le creu oncques : moy qui n'ay
iamais loüé ce qui excede mediocrité, &
fuis de cette opinion qu'vn art doit eftre
traitté par mefure, de laquelle toute cho-
fe deftituée n'a grace aucune. Parquoy ie
ne fçaurois aduoüer les courfes qui cha-
grinét le corps, fans exercer aucunement
les forces pour l'aduenir : vn chacun fçait
bien que ce n'eft pas le plus fort de bien
courir, mais de partir à heure, iamais la
victoire n'aduient aux bons & legers cou-
reurs, mais à ceux qui bien fçauent affail-
lir, fouftenir & repouffer les coups. Ny
les Lacedemoniens pour leurs legeres
courfes ont efté tant vaillans victorieux,
mais parce qu'à grande pourfuitte & per-
feuerance, ils ont maffacré leurs ennemis.
Et fi tu m'obiectes que la courfe eft profitable à la fanté, fçache qu'en tant qu'elle
efmeut les membres par vne inegalité,
qu'elle n'eft falubre ny conuenable, pour
autant qu'en cette courfe neceffairement
d'aucuns membres font trop trauaillez,

E

les autres totalement gourds & endor-
mis , defquelles difpofitions ny l'vne ny
l'autre profite , mais au contraire font
toutes deux racine & commencement de
maladie, & couftumierement nous affli-
gent à merueille. Partant cet exercice eft
digne de prix fur tous autres , qui nous
rend bien fains, & deuëment r'allie les
parties par enfemble   gorant l'efprit:
de laquelle condition eit celuy qui prouient du ieu de la paume : car en tout &
par tout il eft propice & fauorable à l'efprit, émouuant tout le corps par mefme
effect, ce qui fert beaucoup à la fanté, & à
entretenir le corps en mediocrité : fçauoir eft, qui ne l'engraiffe ny l'emmaigrit,
eftant idoine & fuffifant à produire & ad-
uancer les actions, s'il y en a quelqu'vne
qui ait befoin de viteffe & legereté : tellement qu'à rendre l'homme robufte &
fort, il n'a point fon fecond. Dorefna-
uant nous pourrons parler de fa molleffe
& douceur. parce que d'icelle aucunes-
fois nous auons affaire, pour caufe de noftre âge, laquelle fur nos ieunes & vieux
iours ne peut fouftenir grand trauail ny
grand faix, ou pour caufe que defirons-
nous trauailler, ou bien que de maladie

nous reuenons en conualefcence. Et en
cet endroit pareillement (fi ie ne me
trompe) cet exercice furmonte tout autre genre d'esbat : à raifon qu'il n'eft rien
plus doux qu'iceluy, pourveu que le mou-
uement ne foit point violent ; ce qu'ac-
complirons en occupant le milieu du ieu,
fans nullement outrepaffer mefure &
mediocrité, par fois en nous aduançant
petit à petit, par fois en nous arreftant en
noftre place, & finallement en ne point
trop deftordant nos membres ; quoy fait,
tu te frotteras mollement d'huile, & vfe-
ras de bains chaux. Ains cet esbat eft fort
doux & remis fur tous autres, tellement
qu'il eft bien propre à ceux qui ont faute
de repos : dauantage il n'eft de moindre
effect à remettre fus nature, eftant plus
que profitable aux ieunes & vieilles gens.
Quiconque fe voudra toufiours bien porter en cet esbat, il ne faut qu'il ignore
quand c'eft qu'on s'exerce à ieu ou à bon
efcient : parce que fi nous auons trauaillé
le haut ou le bas du corps, ou tant feulement les mains, ou les pieds exceffiue-
ment, au moyen d'auoir vacqué à nos affaires, aufquelles nous fommes prefque
toufiours pendus & attachez, alors il faut

auoir eſgard auſdites parties trauaillées,
en exerçant les autres qui parauant s'eſ
ſtoient repoſées : au cas pareil, ſi quelqu'vn ne faiſant rien ou bien péu à long
traict de temps de ſes iambes , & bande à
tourne-bras, il repoſe le pas au regard du
trauail que ſouſtient le haut du corps:
mais s'il voltige inceſſamment auec legereté grande, peu ſouuent rencontrant &
frappant la paume il fait l'oppoſite, c'eſt
à dire, il laſſe plus le bas que le haut. Dauantage, ſi ſans grand effort on court çà &
là, l'haleine eſt ſeule exercée, le ieCt au
contraire, le renuoy & ſouſtien, ſi l'on ne
ſe diligente, confirment & roborent le
corps: mais ſi l'on peine fort auec bonne
diligence, & legere courſe, l'on trauaille
à merueille tant le corps que l'haleine, &
alors ſe fait le plus grãd exercice que l'on
ſçauroit faire. De declarer toutes les cau-
ſes & raiſons, pourquoy il ſe faut maintenant fort, maintenant bellement exercer,
c'eſt choſe impoſſible : car nous ne ſçau-
rions preſcrire combien de temps vn chacun ſe doit eſbattre & trauailler, iaçoit
que ſur le champ, & en mettant la main à
l'œuure, l'on le pourroit bien eſtablir. Et
à la verité tout le profit & l'acquéſt de cet

esbat consiste en cette quantité, c'est à dire en combien de temps vn chacun se
doit exercer. Parce que tu t'auras beau
exercer de quelque sorte que ce soit auāt
que l'esbat te profite si tu excedes mesure.
Et pour cette cause le Maistre de l'exercice doit auoir en singuliere recommenda-
tion l'exercice d'vn chacun, & combien
de temps vn chacun se doit exercer. Il ne
reste sinon à parler (pour mettre fin à cette recherche, ce qu'il ne faut oublier) de
la seureté de nostre exercice, qui est sans
aucun peril & danger, ce qu'ailleurs tu ne
peux euiter ny fuir. Premierement, le ieu
de la barre & course, venus iusqu'à la
grosse haleine, est cause que nous nous
rompons quelques conduits, & vaisseaux
d'entre les principaux du corps, ce qui a
esté cause que maints hommes dés long-
temps ont esté perdus. Pareillement les
fortes & grādes criées faites tout au coup,
ont porté de grands dōmages à plusieurs.
Piquer aussi, galoper, ou cheuaucher brus-
quement, est souuent cause de rompre &
mutiler les conduits spermatiques, & par-
ticules du corps, qui sont à l'enuiron des
reins & poictrine ; ie laisse à dire, qu'assez souuent le cheual desarçonne son

Champion, dont plufieurs en ont paffé le pas : femblablement qu'eſt-il befoin de faire vn long fermon de l'exercice qui fe fait par fauts, rut de barre, pierre, palmail, balon, & autres esbats, requerants plis contrains, & forces du corps, veu que nous voyons ceux qui retournent de l'efcrime & de la luitte, n'eſtre differents des prieres d'Homere. Car tout ainſi que le Poëte les defcrit ridez, boyteux, bigles & borgnes : auffi à veuë d'œil nous voyõs iceux auoir receu telles affections, totalement auoir quelque membre rompu, meurtry & mutilé. Parquoy, ſi outre ce grand bien que i'ay commemoré, le ieu de la Paume a cette commodité d'eſtre fans peril, il nous profitera plus qu'autre exercice quel qui foit.

F I N.

Le tout veu & corrigé par les Docteurs fainćte Barbe, enfans de l'eſteuf, & plus verfez en cet exercice.
A Paris en l'an 1632.

Bon pied, bon œil.

SONNET EN FORME
D'ENIGME.

Ie vay de tous coſtez ſans m'arreſter en place,
Sinon que ie me ſauue en vn trou noir & creux,
Où ie n'entre ſi-toſt que ie ne plaiſe à deux :
A celuy qui m'y trouue, & à cil qui m'y chaſſe.

Ie ſuis gros & fort dur, & d'aſſez bonne grace,
Alors que ieune encor ie n'ay point de cheueux ;
Mais la peine & le temps me font eſtre hideux,
Et à l'entour de moy vn poil eſpais s'amaſſe.

Lors on me quitte là, & ie ne vaux plus rien,
Madame me deſpriſe, & me donne à ſon chien,
Pour s'esbattre le iour quand il eſt ſur ſa table :

Puis quand ie ſuis venu par l'aage ſale & noir,
L'on me fend l'eſtomach pour mes trippes auoir,
Afin d'en faire vn autre à moy du tout ſemblable.

Cette Enigme ſe doit entendre de
l'eſteuf ou de la balle.